westermann

AF217940

Geometrie

Erarbeitet von

Judith Beerbaum, Anja Göttlicher,
Sarah Pfleger, Britta Wettels
und Stephanie Zippel

in Zusammenarbeit mit der
Westermann-Grundschulredaktion

Unter Beratung von

Henrieke Peter

Illustriert von

Angelika Citak, Heike Heimrich und
Karoline Kehr

Flex und Flo
Mathematik

3

Zeichenerklärung

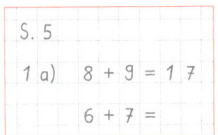 Du löst alle Aufgaben in deinem Heft. Hier findest du ein Beispiel für den Hefteintrag.

 Male/Zeichne mit der entsprechenden Farbe in dein Heft.

 Benutze Material.

 Bearbeite die Aufgabe in Partnerarbeit.

 Mathekonferenz: Tausche dich mit anderen Kindern über deine Ideen, deine Vorgehensweise oder deine Ergebnisse aus.

Addieren
heißt plus rechnen.

Hier steht ein neues Fachwort.

Grundaufgabe
$2 + 2 = 4$, also
$32 + 2 = 34$

Hier steht ein neues Fachwort oder ein neues Beispiel, wie du über Mathematik sprechen kannst.

 Verweis auf weitere Übungen auf den angegebenen Seiten im Flex und Flo Arbeitsheft 3 (Ausgabe 2021)

 Verweis auf passenden Diagnosetest im Flex und Flo Diagnoseheft 3 (Ausgabe 2021)

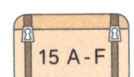 Verweis auf passende herausfordernde Aufgaben in der Flex und Flo Entdeckerkartei 3 (Ausgabe 2021)

 Verweis auf passende interaktive Übungen

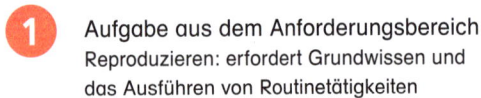 Aufgabe aus dem Anforderungsbereich I
Reproduzieren: erfordert Grundwissen und das Ausführen von Routinetätigkeiten

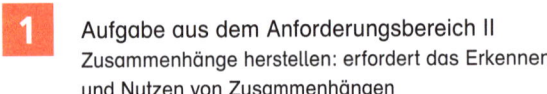 Aufgabe aus dem Anforderungsbereich II
Zusammenhänge herstellen: erfordert das Erkennen und Nutzen von Zusammenhängen

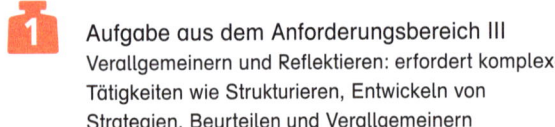 Aufgabe aus dem Anforderungsbereich III
Verallgemeinern und Reflektieren: erfordert komplexe Tätigkeiten wie Strukturieren, Entwickeln von Strategien, Beurteilen und Verallgemeinern

 Einführung von Fachwörtern oder Redemitteln
Eine Sammlung der im Heft eingeführten Fachwörter und Redemittel zum Nachschlagen findet sich auf der letzten Doppelseite und der Beilage „Fachwörter und Redemittel 3".

 Medienbildung und Mathematiklernen verbinden
Anregung zur Bearbeitung mathematischer Lerninhalte mit digitalen Werkzeugen

Inhaltsverzeichnis

Wahrnehmung

1  Wie viele Quadrate sind es?

a)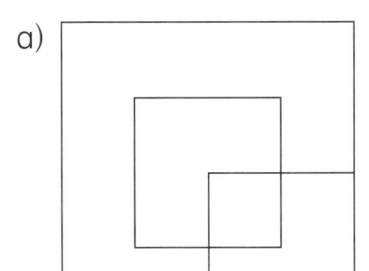

b)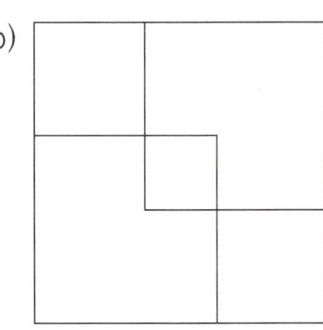

c)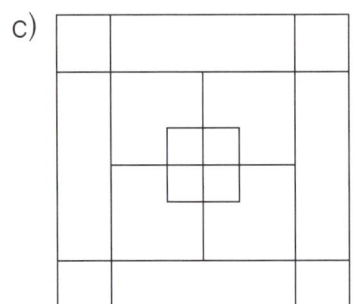

d)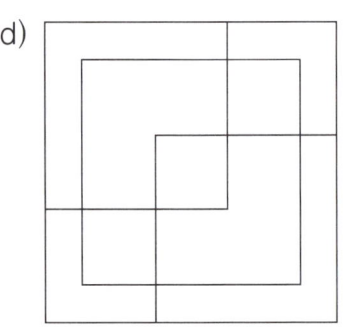

2 Immer zwei Teile ergeben zusammen ein Quadrat. Welches Teil bleibt übrig?

S. 4						
2 a)	A und H,	B und ...				

a)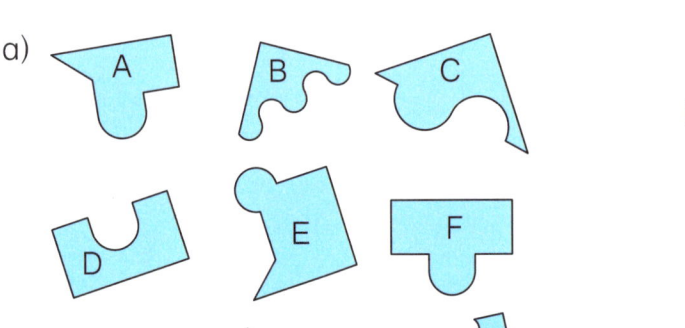

b)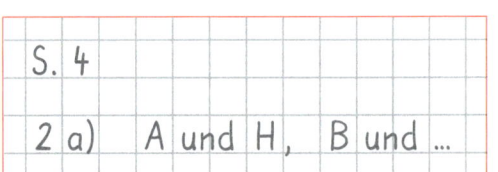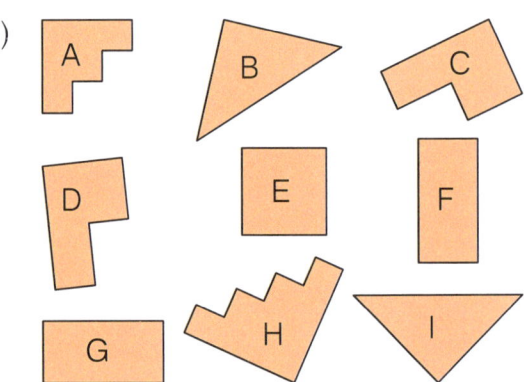

3 Zerschneide selbst Quadrate und erstelle ein Legespiel für dein Partnerkind.

4 Immer drei Teile ergeben zusammen ein Quadrat.

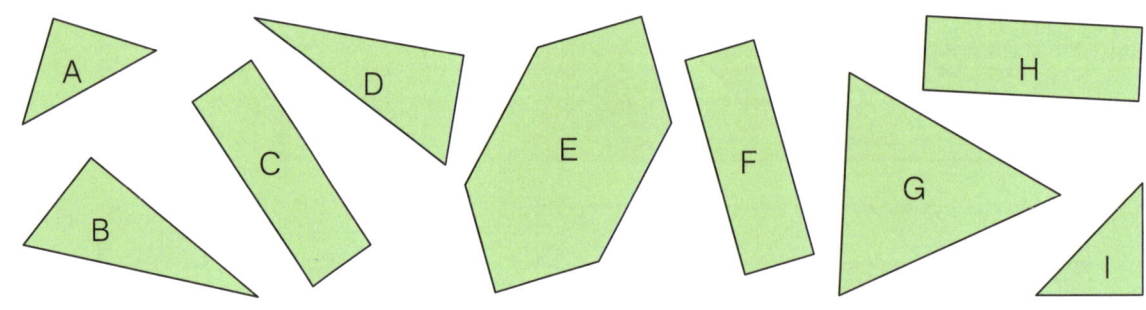

AH S. 38

Wahrnehmung

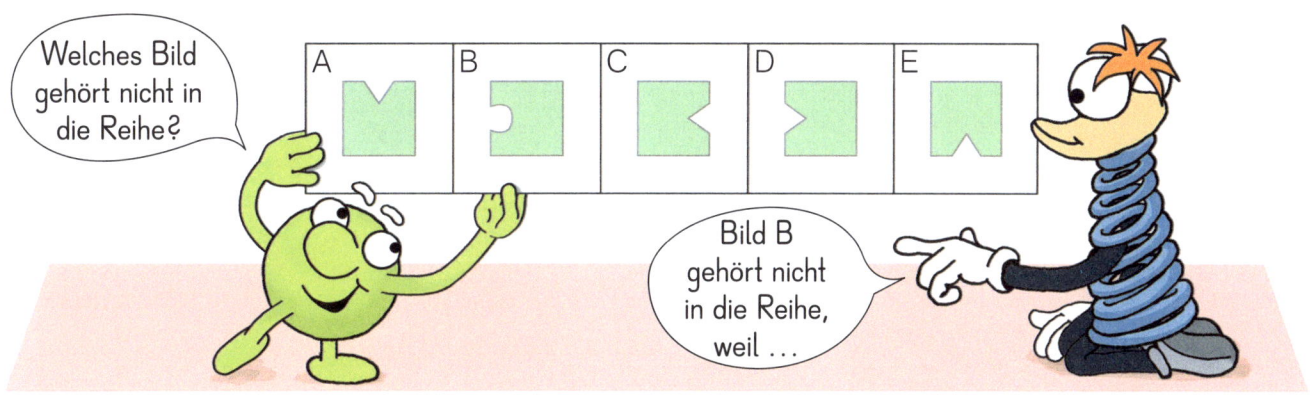

1 Immer ein Bild gehört nicht in die Reihe. Welches? Begründet.

a)

A	B	C	D	E

b)

A	B	C	D	E

c)

A	B	C	D	E

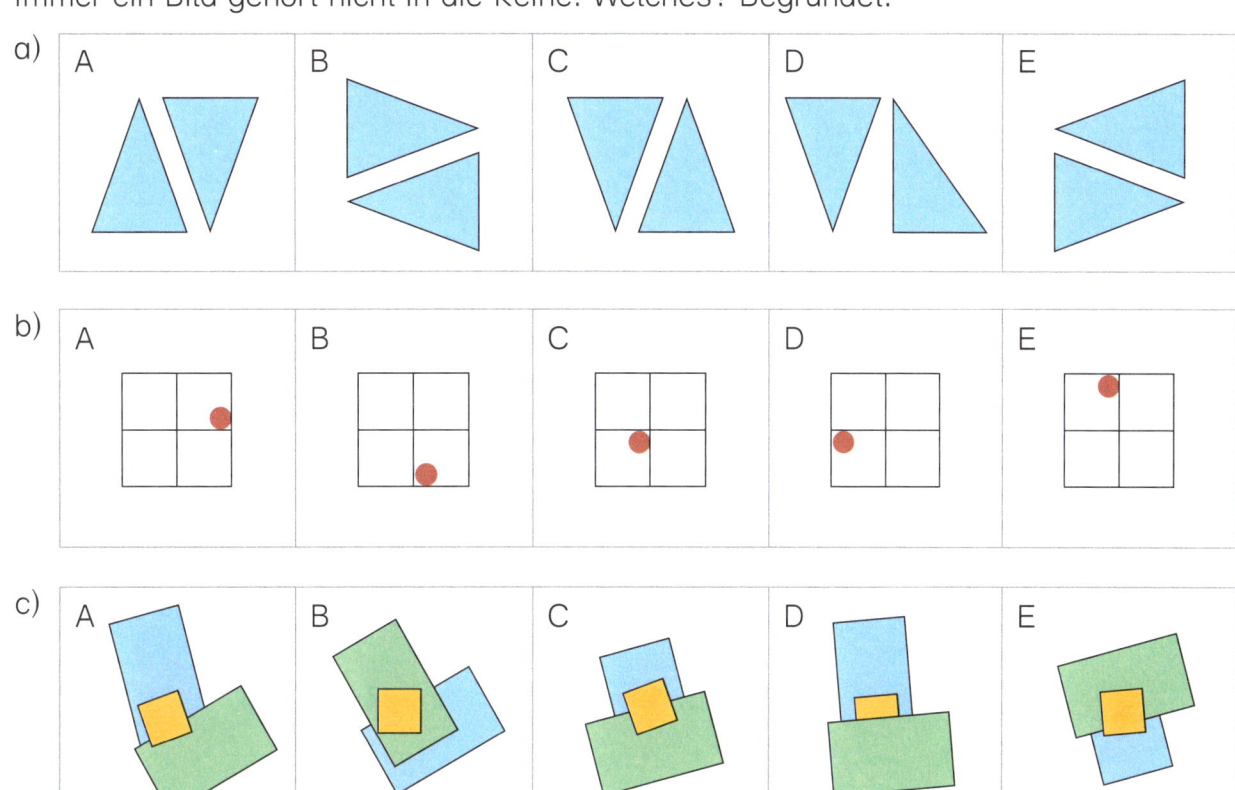

2 Wie geht das Muster weiter?

a)

A   B   C

b)

A   B   C

c)

A   B   C

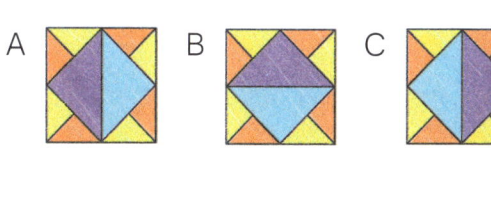
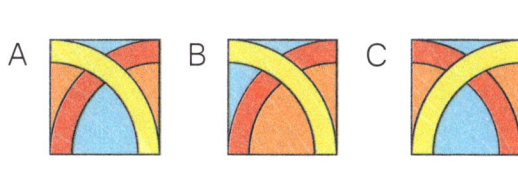

1 Wo hat Flex diese Flächen im Bild entdeckt?

2 Finde diese Ausschnitte in dem Bild. Zeichne sie in dein Heft. Färbe sie wie Flex.

a)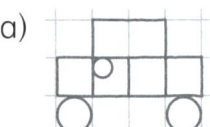

b)

c)

d)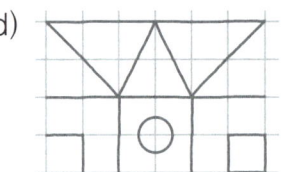

2 a)

3 Zeichne ab.

a) 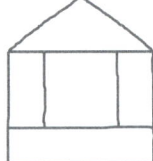   b)    c)    d)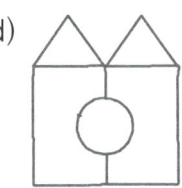

4 a) Zeichne ab.

A 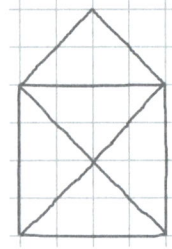   B 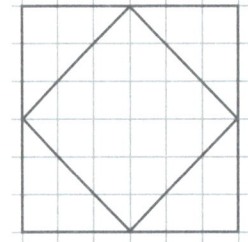   C 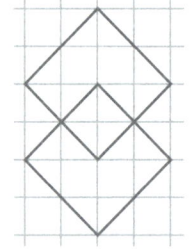   D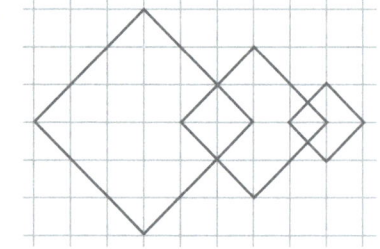

b) Kannst du die Figuren auch abzeichnen, ohne abzusetzen? Zeichne keine Linie doppelt.

Zeichnen und färben

Regel: An keiner Linie dürfen sich gleiche Farben berühren.

Ich glaube, du brauchst nur zwei Farben.

1 Zeichne das Muster in dein Heft. Färbe mit möglichst wenig verschiedenen Farben. Beachte die Regel von Flex.

a)
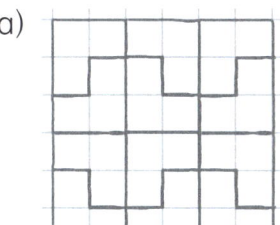

b)
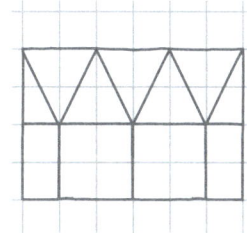

c)
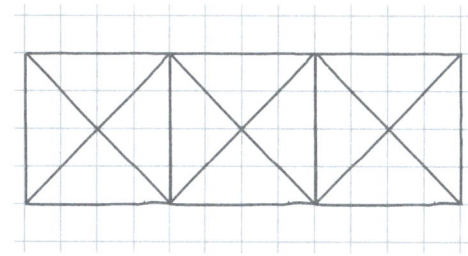

2 a) Zeichne ein eigenes Muster. Färbe mit der Regel von Flex. Wie viele Farben brauchst du mindestens?

b) Zeichne ein eigenes Muster, das du mit nur zwei Farben färben kannst.

3 Zeichne das Bild in dein Heft. Färbe mit möglichst wenig verschiedenen Farben. Beachte die Regel.

a)
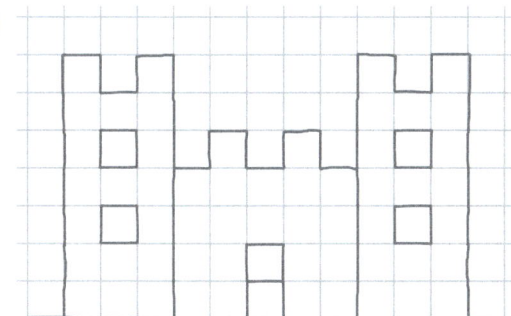

b)
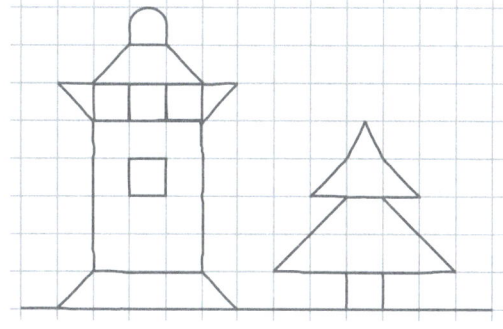

4 Überlegt gemeinsam. Es soll mit möglichst wenig verschiedenen Farben gefärbt werden. Beachtet die Regel. Wie viele Farben braucht ihr?

a)
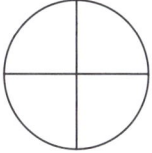

b)
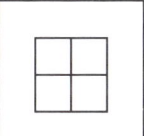

c)
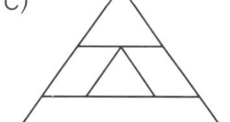

d)
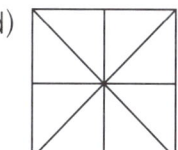

4 Im Kopf lösen, anschließend durch Abzeichnen und Färben die Lösung überprüfen.

AH S. 39

7

Körper

1 a) Welcher Körper ist es?

A

B

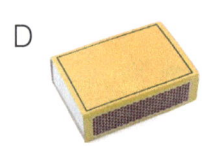

E

C

D

F

b) Finde weitere Gegenstände zu jedem Körper.

2 Welche Körper entdeckst du?

a)

b)

c)

d)

Kirchturm
im Reschensee

Atomium
in Brüssel

Pilsumer
Leuchtturm

Schloss Neuschwanstein
in Schwangau

3 Gestaltet eine Ausstellung zum Thema „Geometrische Körper". Ihr könnt:

• Körper aus Knetmasse formen
• Verpackungen sammeln
• Körper in der Umwelt suchen und Fotos machen …

AH S. 40

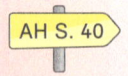

2, 3 **Fotografie:** Eigene Bilder von Körpern in der Umwelt fotografieren, präsentieren, ggf. ausdrucken und für eine Ausstellung nutzen oder für eine digitale Pinnwand verwenden.

Eigenschaften von Körpern

Mein Körper hat 5 Ecken, 8 Kanten und 5 Flächen.

1 Welchen Körper beschreibt Flex? Begründet.

2 Welcher Steckbrief gehört zu welchem Körper?
Ordne zu und schreibe die Steckbriefe in dein Heft.

a) **Würfel**
Ecken: 8
Kanten: 12
Flächen: 6

b)
Spitze: 1
Kanten: 1
Flächen: 2

c)
Ecken: 8
Kanten: 12
Flächen: 6

d)
Ecken: 0
Kanten: 0
Flächen: 1

e)
Ecken: 0
Kanten: 2
Flächen: 3

f)
Ecken: 5
Kanten: 8
Flächen: 5

3 Schreibe in dein Heft. Setze die passenden Wörter ein.

Würfel und Quader haben beide
8 ■, 12 ■ und 6 ■.
Alle Flächen des Würfels sind ■.
Die Flächen des Quaders sind ■.

Kanten   rechteckig   Ecken
quadratisch   Flächen

4 Welcher Körper passt nicht in die Reihe? Begründet.

a)   A   B   C   D   b)   A   B   C   D

AH S. 40

Kantenmodelle

1

a) Flex baut das Kantenmodell eines Würfels aus Papier.
Wie viele Ecken und Kanten braucht er?

Ecken falten, schneiden, knicken, kleben.

b) Baut selbst Kantenmodelle verschieden großer Würfel aus Papier.

2 Flo hat auch Kantenmodelle gebaut: Einen Würfel und einen Quader.
Vergleicht beide. Was ist gleich? Wo gibt es Unterschiede?

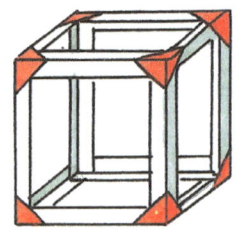 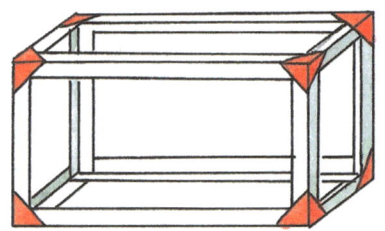

3  Die Spinne möchte zu der Fliege.
a) Notiere verschiedene Wege für beide Kantenmodelle.
b) Wie lang ist jeweils der kürzeste Weg?

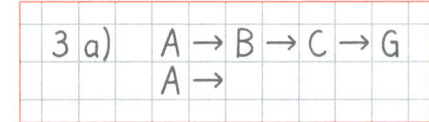

3 a)   A → B → C → G
       A →

Würfel

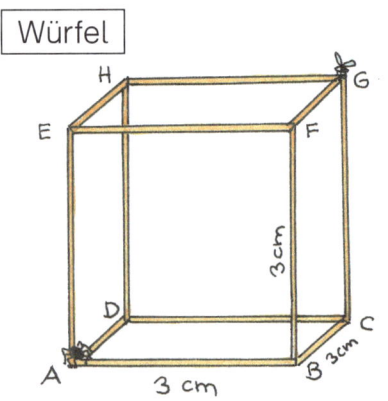

Quader

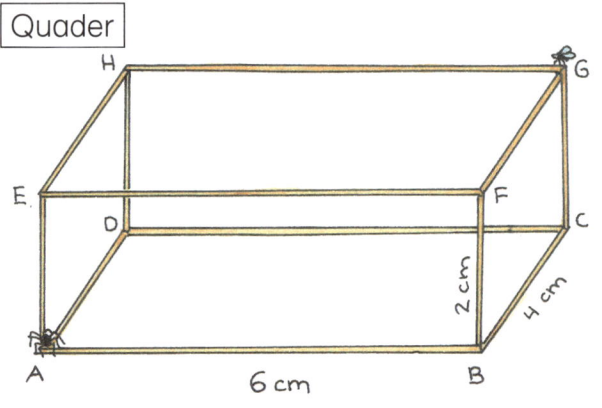

4

Kann Flo aus so einem Stäbchen
das Kantenmodell des Würfels herstellen?
Begründet.

5 Flo hat einen 60 cm langen Pappstreifen für die Kanten seines Würfels.
a) Wie lang ist eine Kante, wenn das Kantenmodell möglichst groß werden soll?
b) Wie lang kann eine Kante sein, wenn der Streifen 96 cm lang ist?

1 Kopiervorlage in der Handreichung/BiBox für Lehrer/-innen.

1 a) Findet weitere Würfelnetze wie Flex und Flo.

b) Wie viele verschiedene Würfelnetze habt ihr gefunden?

Verschieden oder gleich?

Deckungsgleiche Figuren
kann man genau aufeinander legen.

2 Hier fehlt eine Fläche. Zeichne ab und ergänze zu einem Würfelnetz.

a)   b)   c)   d)

3 Aus welchen Figuren könnt ihr keinen Würfel falten? Begründet.

a)   b)   c)

1 Kopiervorlage mit Blankoraster zum Ausschneiden und Einzeichnen der Würfelnetze in der Handreichung/BiBox für Lehrer/-innen.

📷 **App-Anwendung**: Geeignete App nutzen, um das Zusammensetzen von Würfelnetzen und das Auffalten nachzuvollziehen.

AH S. 41

11

1 Schaue dir die gegenüberliegenden Seiten auf einem Spielwürfel an.
Schreibe die Sätze vollständig in dein Heft.

a) Gegenüber der ⚃ liegt die … b) Gegenüber der ⚀ liegt die …
c) Gegenüber der ⚁ liegt die … d) Gegenüber der ⚄ liegt die …

2 Addiere die gegenüberliegenden Augenzahlen. Was fällt dir auf? Beschreibe.

3 Welche Augenzahlen fehlen? Zeichne ab und ergänze.

a) 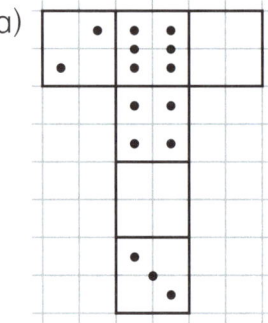 b) 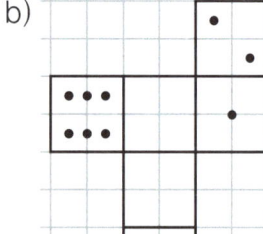 c) 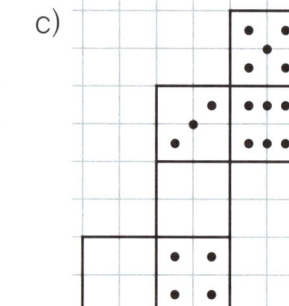 d)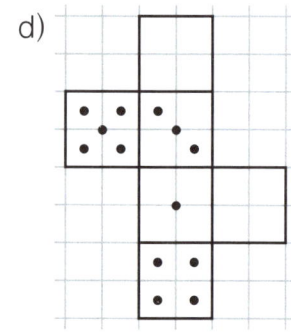

4 Welche Netze passen nicht zu einem Spielwürfel? Begründet.

a)  b)  c)  d)

5 Welcher Würfel passt zum Netz?

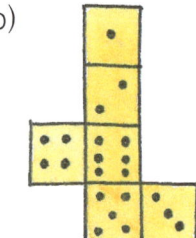 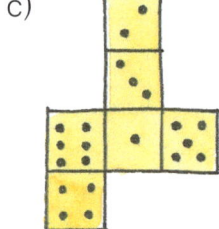 

A   B   C

AH S. 42

Körpernetze

1 a) Welches Netz gehört zu welchem Körper? Ordne zu.
b) Zu welchem Körper gibt es kein Netz?

1 a)	A	Würfel

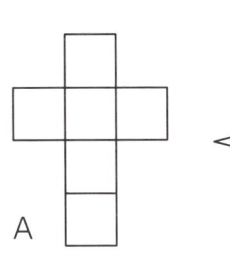
A

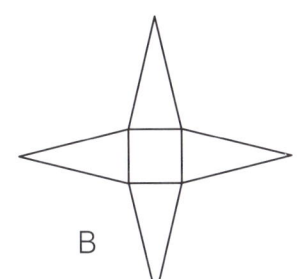
B

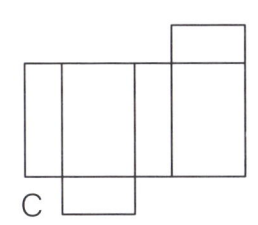
C

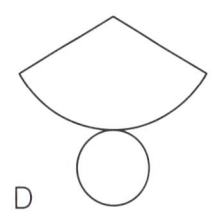
D

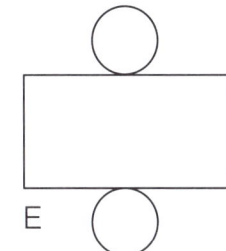
E

Kugel

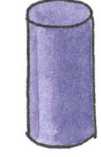
Zylinder

Pyramide

Würfel

Kegel

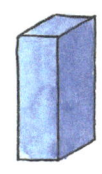
Quader

2 Aus welchen Figuren kannst du keinen Körper falten? Begründe.

a)
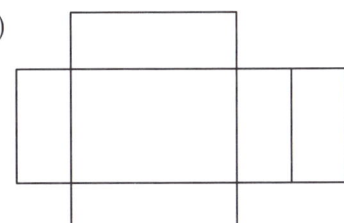

b)
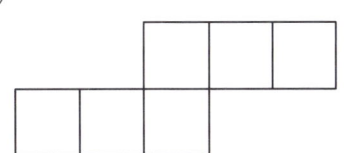

c)
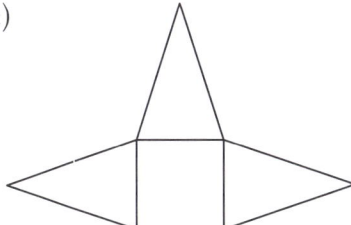

3

Welchen Körper kann Flex aus diesen Flächen bauen?

a)
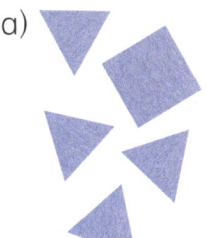

b)

c)

G1

13

1 Welcher Bauplan gehört zu dem Würfelgebäude?

2 Was gehört zusammen? Ordne jedem Würfelgebäude einen Bauplan zu.

A 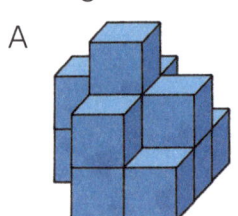 B  C 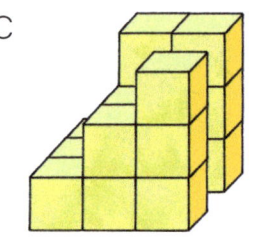 D

①

2	2	1
2	3	2
1	2	

②

1	3	3
1	2	
1	2	3

③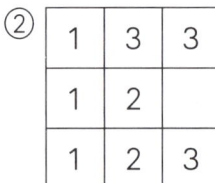

3	2	3
3	2	2
	2	1

④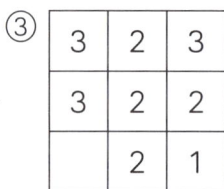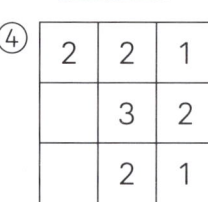

2	2	1
	3	2
	2	1

3  a) Baue die Würfelgebäude nach. Schreibe die Baupläne auf.

A 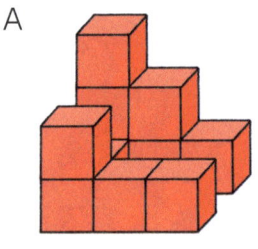 B 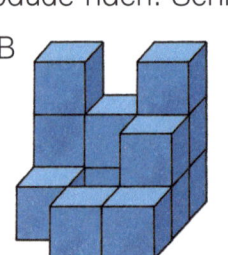 C

3 a)   A

3		
1		
2		

b) Wie viele Würfel sind es jeweils?

4   Baue diese Würfelgebäude. Dein Partnerkind kontrolliert.

a)

1	2	1
2	3	2
1		1

b)

1	2	3
	2	3
		3

c)

1	1	1	1
2	2	2	2
1	2	3	4
3	2	2	4

d)

2	1	1	2
3	4	4	3
	4	4	
3	1	1	3

5  Baue eigene Würfelgebäude. Dein Partnerkind schreibt den Bauplan auf.
Wechselt euch ab.

3, 5 Blanko-Kopiervorlage mit Bauplänen in der Handreichung/BiBox für Lehrer/-innen.
5 📷 Fotografie: Eigene Würfelgebäude fotografieren und präsentieren, den Bauplänen zuordnen, ggf. ausdrucken und ein Paarspiel für die Klasse erstellen.
📷 App-Anwendung: Würfelgebäude nach Plan mit geeigneter App digital darstellen.

AH S. 43

Würfelgebäude

1 Wie viele Würfel sind es? Notiere deinen Rechenweg.

a)

b)

c)

d)

2 a) Wie viele Würfel passen in den Quader?

A 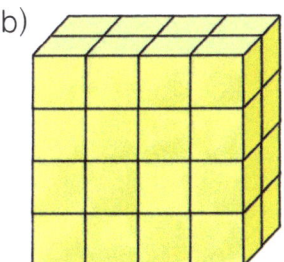   B 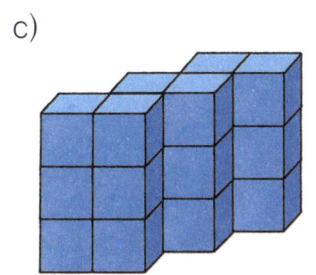   C 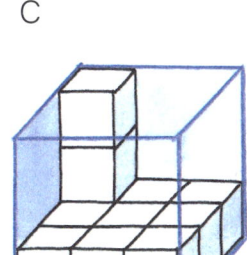   D

b) Wie viele Würfel fehlen noch?

3 Wie viele Würfel braucht Flo für das 4. Würfelgebäude?

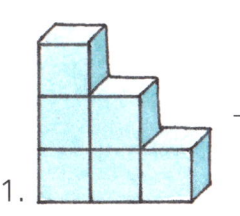 → 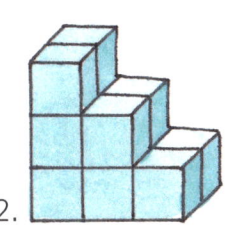 →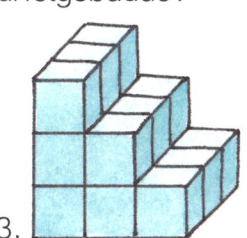

1.   2.   3.

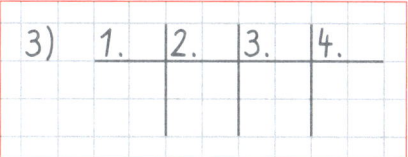

3)	1.	2.	3.	4.

4 a) Aus wie vielen Würfeln sind
   die Würfelgebäude gebaut?
b) Setzt die Reihe fort.
   Wie viele Würfel
   braucht ihr für das
   4. Gebäude?

   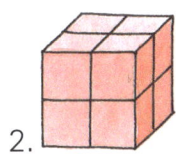   

1.   2.   3.

Wie viele Würfel
braucht ihr für
das 5. und 10.
Gebäude?

AH S. 43

15

Bauen mit Winkelsteinen

1 Aus wie vielen Winkelsteinen bestehen die Gebäude? Baue nach und ordne zu.

a)

1	2	2
1	1	2

b)

2	2
2	

c)

2	2	2
2	2	2

3 Winkelsteine

4 Winkelsteine

d)

1	1	
1	1	2

e)

2	2
2	3

f)

2	2	3
	2	3

2 Winkelsteine

2 Baue verschiedene Gebäude aus fünf Winkelsteinen auf dem Legeplan.
Schreibe die Baupläne auf.

2)

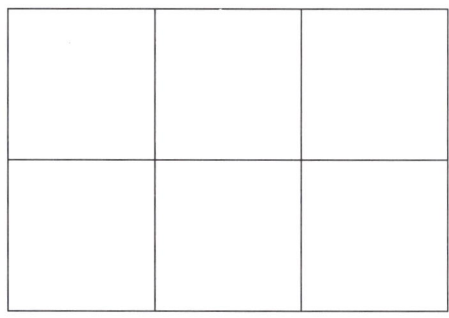

3 a) Baut die drei Gebäude mit den Winkelsteinen nach.
Wie viele Winkelsteine braucht ihr insgesamt?

b) Beschreibt die Gebäude.

c) Setzt die Reihe fort. Wie sieht das nächste Gebäude aus?
Schreibt den Bauplan auf. Wie viele Winkelsteine braucht ihr?

3	3
2	2
1	1

1.

→

3	3	3	3
2	2	2	2
1	1	1	1

2.

→

3	3	3	3	3	3
2	2	2	2	2	2
1	1	1	1	1	1

3.

→ ?

Die Gebäude sehen aus wie . . .

2, 3 Blanko-Kopiervorlage mit Bauplänen in der Handreichung / BiBox für Lehrer/-innen.
2 **Fotografie:** Eigene Gebäude bauen, fotografieren und präsentieren, ggf. ausdrucken und eine Kartei zum Nachbauen und Notieren der Baupläne für die Klasse erstellen.

Bauen mit Winkelsteinen

Ein Winkelstein fehlt.

1 Fülle die Quader mit Winkelsteinen aus.
Wie viele Winkelsteine fehlen noch?

a)

b)

c)

d)
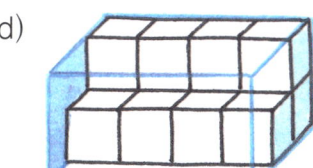

e)
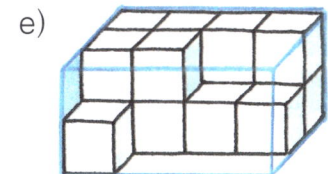

f)

2 a) Wie viele Winkelsteine fehlen noch?
b) Wie viele Winkelsteine enthält der Quader insgesamt? Was fällt dir auf?

A
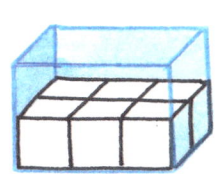

B

C

3 a) Baue aus Winkelsteinen verschiedene Quader.
b) Schreibe jeweils den Bauplan auf.
c) Wie viele Winkelsteine brauchst du jeweils?

4 a) Baue aus Winkelsteinen einen Würfel.
b) Schreibe den Bauplan auf.
c) Wie viele Winkelsteine brauchst du?

Beim Würfel sind alle Kanten gleich lang.

Ansichten

1 Flex und Flo haben das Gebäude von allen Seiten fotografiert.
Welche Ansichten sind es?

Ordne zu: | von vorn | von hinten | von rechts | von links | von oben |

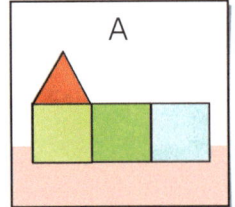 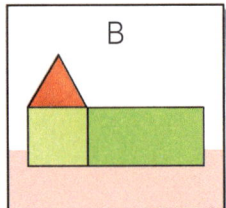 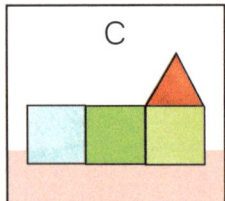 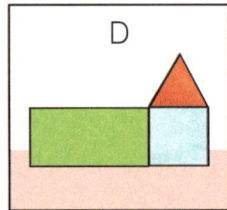 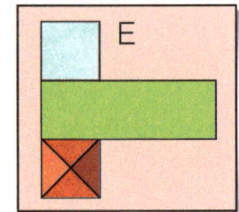

2 Welche Ansichten des Gebäudes wurden gezeichnet?

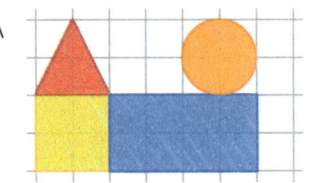 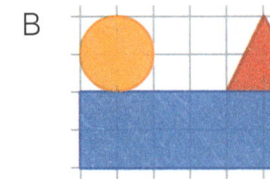

 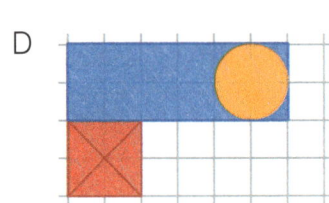

3 Welche Ansichten des Gebäudes wurden gezeichnet?

 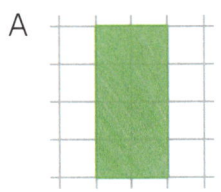 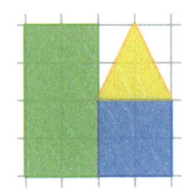 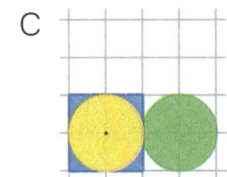 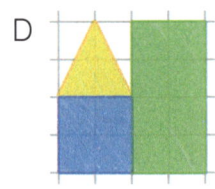

Ansichten

1 Welche Ansichten des Gebäudes wurden gezeichnet?

a)

A 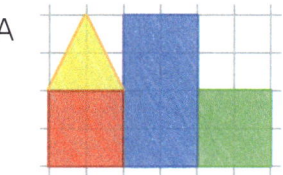 B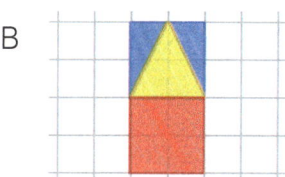

C 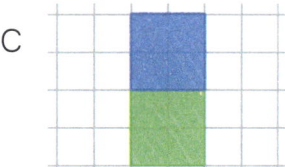 D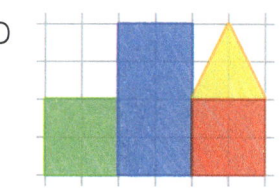

b)

A 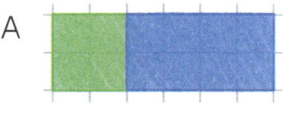 B

C 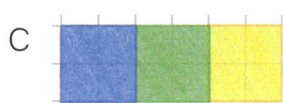 D

2 Zeichne die Gebäude von vorn, von rechts, von hinten, von links und von oben.

a)  b)  c)

3 a) Hier stimmt etwas nicht. Welche Bilder passen nicht zu dem Gebäude? Begründet.
b) Von welcher Seite wurden die passenden Bilder jeweils gemacht?

A  B

C  D  E  F

2 Fotografie: Eigene Gebäude bauen, fotografieren und präsentieren, ggf. speichern und ausdrucken, Ansichten zeichnen.

 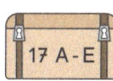 17 A - E  AH S. 44

19

Orientieren auf Plänen

1 In welchen Feldern sind die Tiere?

a)
b)
c)
d)

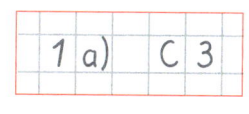

1 a)	C 3	

2 Was bedeuten die Zeichen?
In welchen Feldern sind sie?

a)
b)
c)
d)
e)

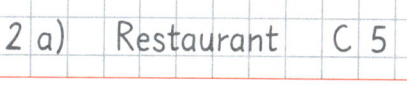

2 a)	Restaurant	C 5

3 Welche Felder sind abgebildet?

a)
b)
c)
d)

4 Wohin möchten die Kinder?

4 a)	Mia möchte zur Giraffe.

B3   C7   D5   F4   E4

a) Mia   b) Elif   c) Jan   d) Adied   e) Lena

5 Flo sitzt im Restaurant.
Wie kann er von dort seine Ziele erreichen?

5 a)	C 5 – D 5 – E 5

a)
b)
c)
d)

6 a) Schreibe den kürzesten Weg vom Eingang zu den Seehunden auf.
b) Schreibe einen Weg vom Eingang zu den Pinguinen auf.
Auf deinem Weg möchtest du mindestens fünf verschiedene Tiere sehen.
c) Du startest am Restaurant und gehst diesen Weg:
C6 – C7 – D7 – E7 – E6 – E5 – D4. Welche Tiere siehst du auf deinem Weg?

6 ◼ **Audioaufnahme:** Wege mit Nennung der Planquadrate aufsprechen.
Andere Kinder nennen die Zielgehege.

AH S. 45

21

Flächen

1 Flex hat Flächen an die Tafel gezeichnet.
Welche Körper kann er zum Zeichnen der Flächen verwendet haben?

a) für das Rechteck   b) für das Quadrat   c) für das Dreieck   d) für den Kreis

2 Welche Flächen findest du an den Gegenständen?

| 2 a) | | Rechteck | |

a)    b) 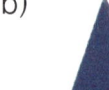   c)    d)    e)

3  Welche Flächen passen zu den Aussagen?

a) Die Fläche hat keine Ecken.

b) Die Fläche hat nur zwei gleich lange Seiten.

c) Die Fläche hat drei Seiten.

d) Je zwei benachbarte Seiten sind gleich lang.

e) Die Fläche hat vier Seiten. Die gegenüberliegenden Seiten der Fläche sind gleich lang.

f) Die vier Seiten der Fläche sind gleich lang.

Manchmal gibt es mehrere Möglichkeiten.

A    B    C    D 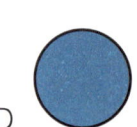   E    F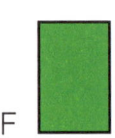

Flächen zeichnen

Ich zähle: 4 Kästchen nach oben, 2 Kästchen nach rechts.

So zeichnest du mit dem Lineal.

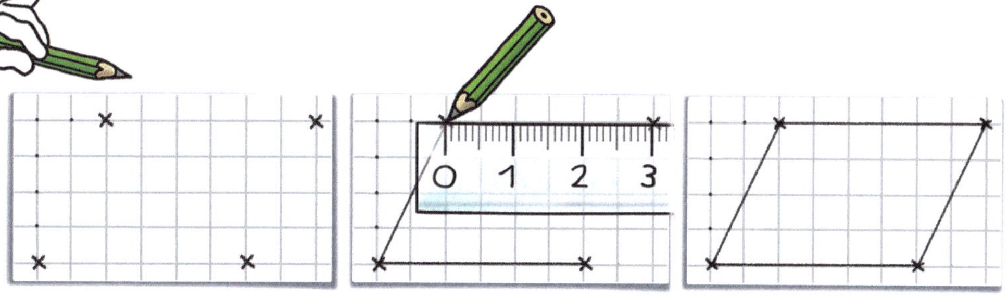

1. Kästchen zählen und Eckpunkte mit Kreuzen markieren.

2. Lineal anlegen und Eckpunkte verbinden.

3. Zeichnung prüfen.

 1 Zeichne die Fläche wie Flo mit Lineal und Bleistift in dein Heft.

2 Zeichne die Flächen mit Lineal und Bleistift in dein Heft.

a)   b) 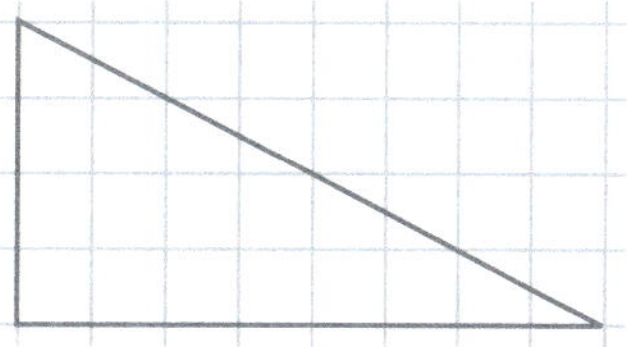   c)

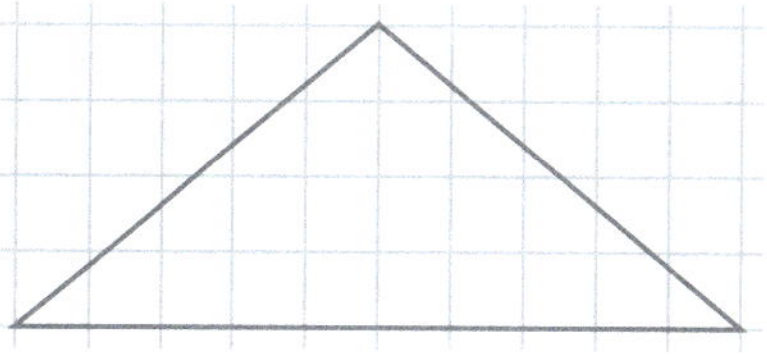

3 a) Zeichne ein Quadrat. Die Seiten sind 4 cm lang.
b) Zeichne ein Rechteck. Eine Seite ist 3 cm lang, die andere ist 5 cm lang.

 4 Zeichne die Muster mit Lineal in dein Heft.

a) 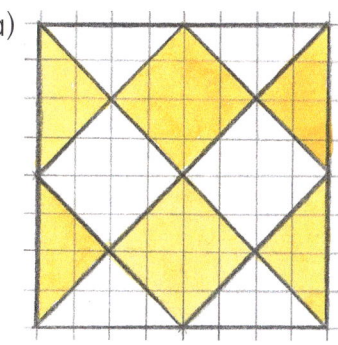   b) 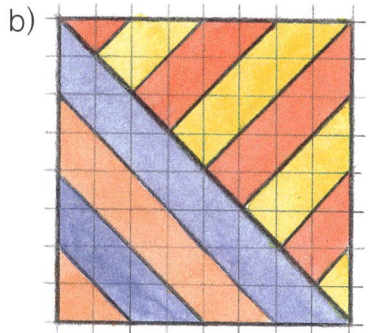   c)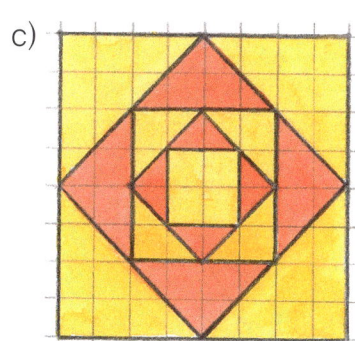

AH S. 46

Flächen – Legespiel

1 Stelle ein Legespiel
wie Flex und Flo her.
Lege die Figuren.

A

B

Die Hälfte von 8 cm.

8 cm

8 cm

2 Lege die Figuren.

A

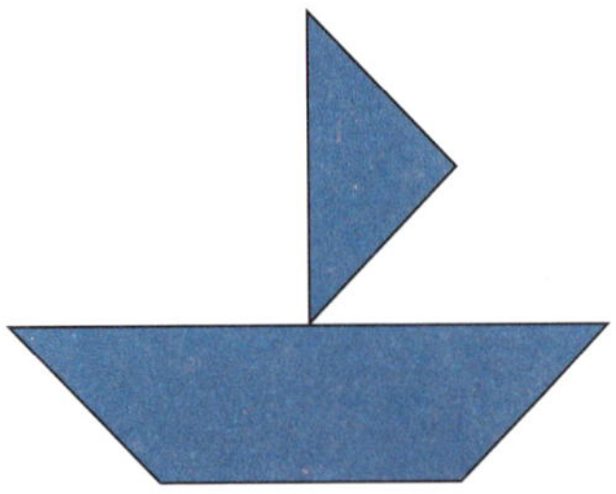

B

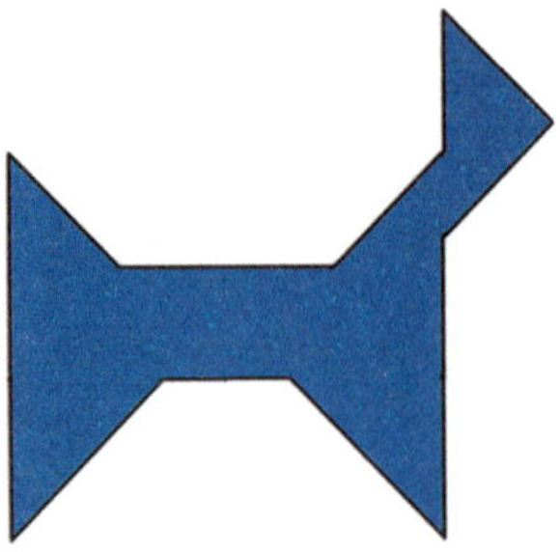

C

D

E

3 Lege mit allen Dreiecken

a) ein Quadrat,   b) ein Rechteck,   c) ein Dreieck.

4 Erfinde eigene Figuren.
Dein Partnerkind legt sie nach.

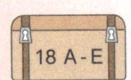

4 📷 **Fotografie:** Eigene Figuren legen, fotografieren, präsentieren und nachlegen,
ggf. ausdrucken und für eine Kartei in der Klasse nutzen.

Flächen am Geobrett

1 Spanne die Figuren am Geobrett nach. Zeichne.

a) 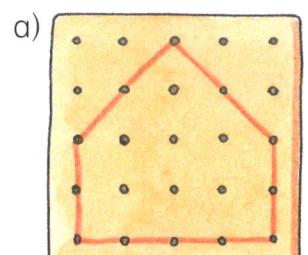   b) 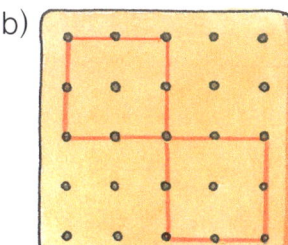   c) 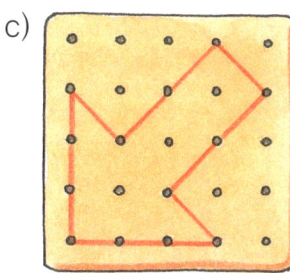   d)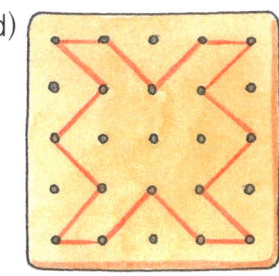

2 a) Spanne nach. Eine Figur passt nicht in die Reihe. Begründe.
b) Spanne weitere Figuren, die in die Reihe passen. Zeichne.

A 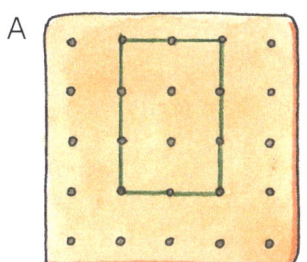   B 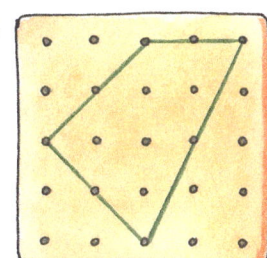   C 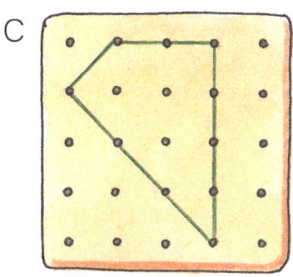   D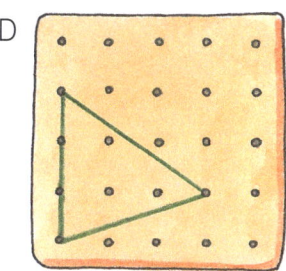

3 Beschreibe die Reihe. Spanne die letzte Figur. Zeichne.

a) 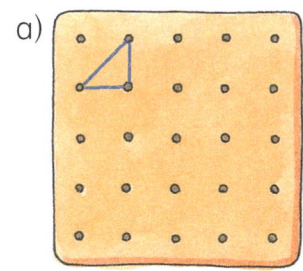   b) 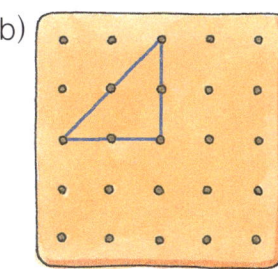   c) 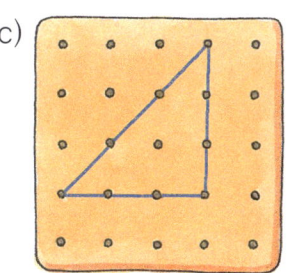   d)

4 a) Spanne und zeichne fünf verschiedene Dreiecke.
b) Spanne und zeichne das größte und das kleinste Quadrat.

5 Spanne eigene Figuren.
Dein Partnerkind spannt sie nach.

Blanko-Kopiervorlage mit Geobrettern in der Handreichung/BiBox für Lehrer/-innen.

25

Flächen vergleichen

Das ist ein **Maßquadrat**.

Fläche: 3 Maßquadrate

---

1 Spanne die Figuren und zeichne sie.
Zeichne die Maßquadrate ein. Wie groß sind die Flächen?

a) 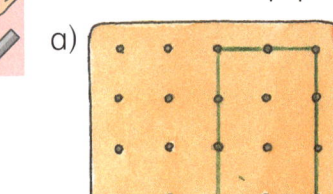 b) 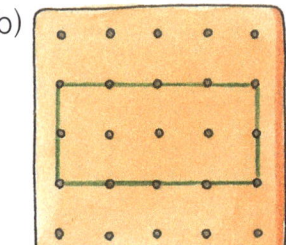 c) 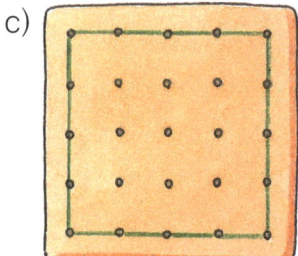 d)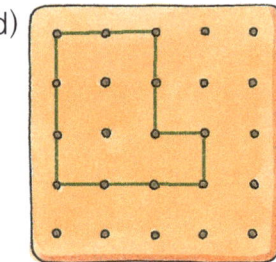

---

2 Spanne die Figuren und zeichne sie.
Wie groß sind die Flächen?

Zwei halbe Maßquadrate ergeben ein Maßquadrat.

a) 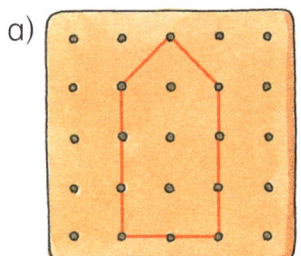 b) 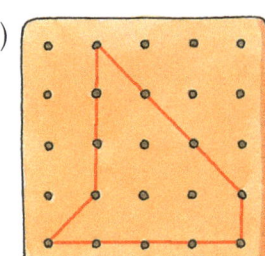 c)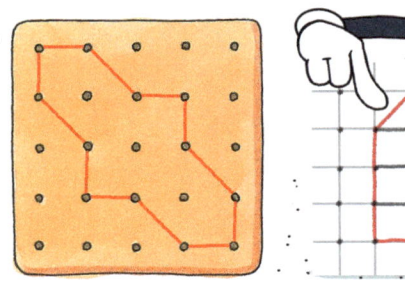

---

3 Wie groß sind die Flächen der Figuren? Was fällt dir auf?

a) 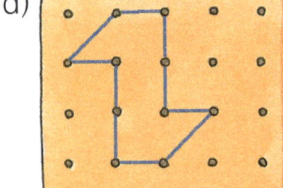 b) 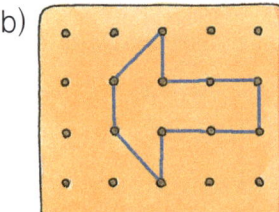 c) 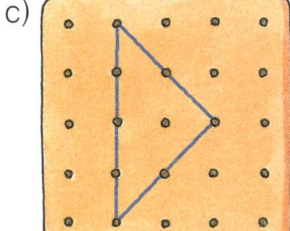 d)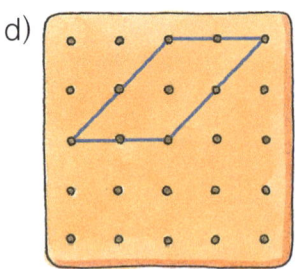

---

4 Spanne und zeichne verschiedene Figuren mit dieser Größe.
a) fünf Maßquadrate   b) sechs Maßquadrate

Blanko-Kopiervorlage mit Geobrettern in der Handreichung/BiBox für Lehrer/-innen.

Symmetrische Figuren zeichnen

1 Zeichne ab und trage alle Symmetrieachsen rot ein. Benutze ein Lineal.

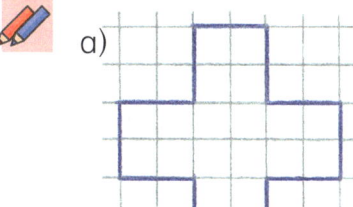 a) b) 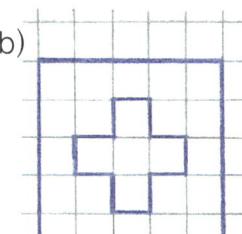 c) 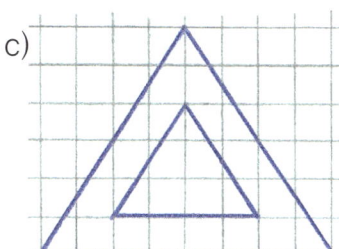 d)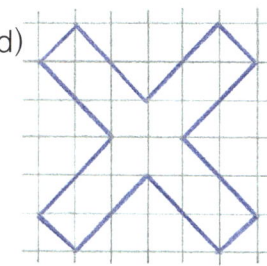

2 Sind die Symmetrieachsen richtig eingezeichnet? Überprüfe mit dem Spiegel.
Zeichne ab und trage die Symmetrieachsen richtig ein. Benutze ein Lineal.

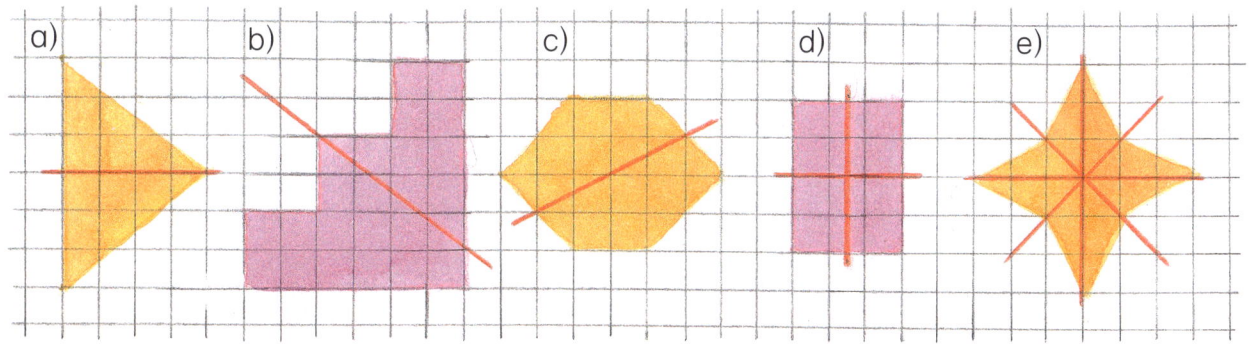

a) b) c) d) e)

3 Zeichne ab und ergänze symmetrisch. Überprüfe mit dem Spiegel.

a) 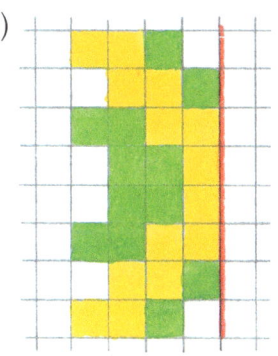 b) 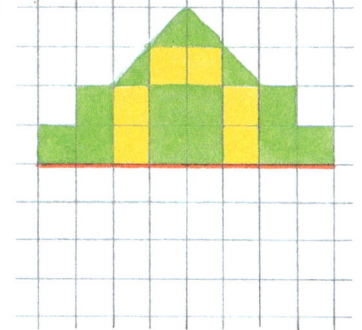 c)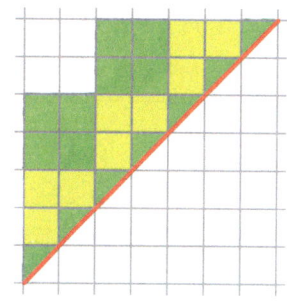

AH S. 48

Symmetrie in der Umwelt

1 Symmetrisch, nicht symmetrisch oder ungefähr symmetrisch?

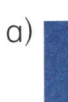

a)  b)  c)

d)  e)  f)  g)

h)  i) 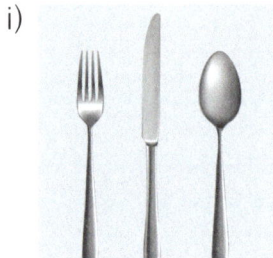 j)

2 Findet weitere Beispiele für symmetrische Figuren und Gebäude.

3 Wie viele Symmetrieachsen haben die Verkehrszeichen?

a)  b)  c) 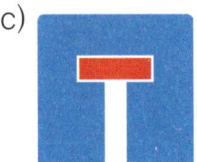 d)  e)

4 Lies die Wörter mit dem Spiegel und schreibe sie auf.

 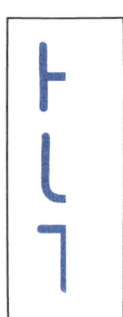 

3 🖥 **Recherche:** Weitere Verkehrszeichen recherchieren, die eine oder mehrere Spiegelachsen besitzen.

Symmetrische Figuren am Geobrett

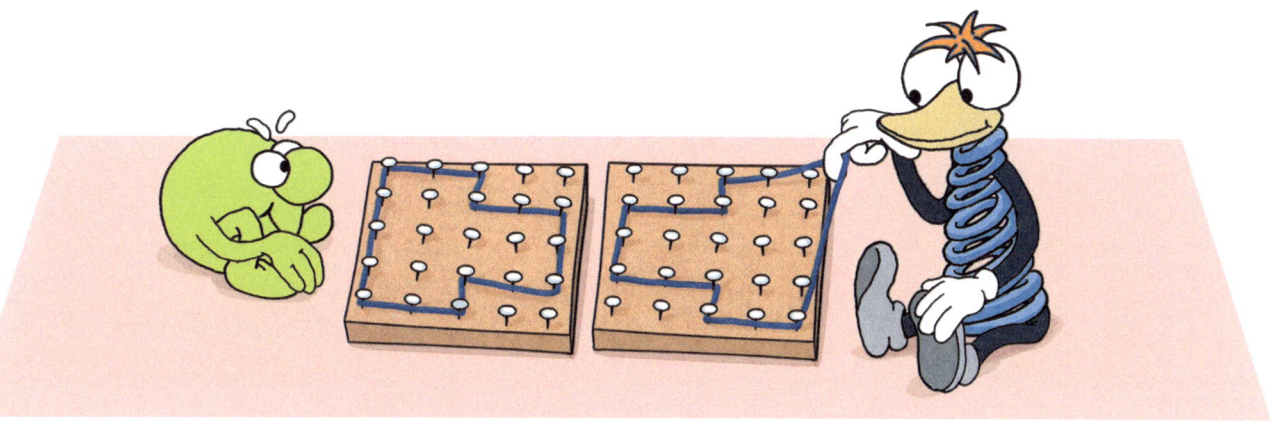

1 Spanne die Figur auf deinem Geobrett.
Dein Partnerkind spannt das Spiegelbild auf seinem Geobrett.

a) 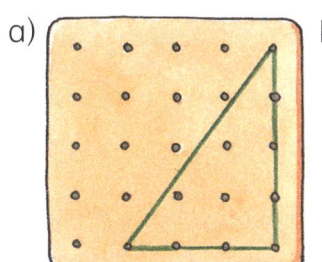   b) 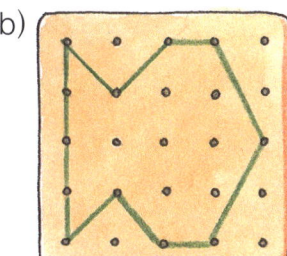   c) 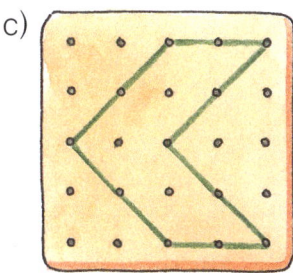   d)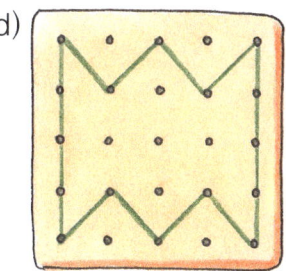

2 Spanne die Figur, die Symmetrieachse und das Spiegelbild auf dem Geobrett.

a) 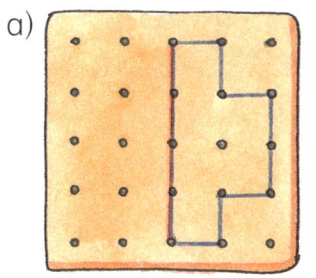   b) 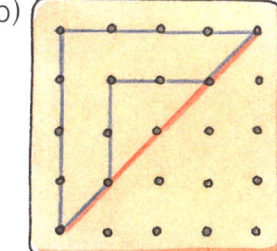   c) 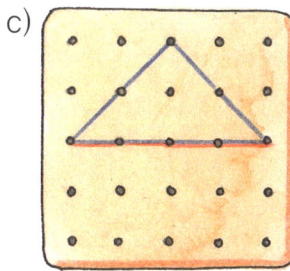   d)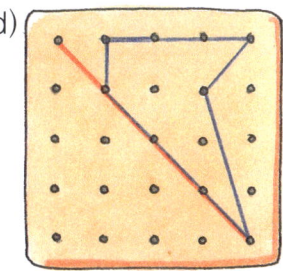

3 Spanne die Figur und die Symmetrieachse auf dem Geobrett.

a) 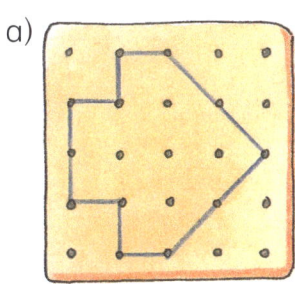   b) 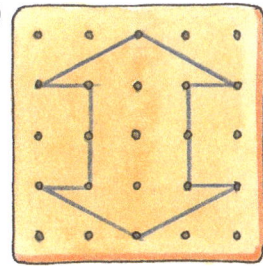   c)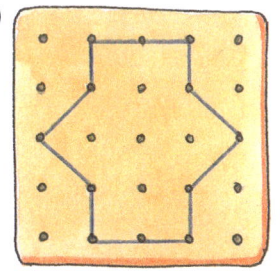

Manchmal gibt es mehrere Symmetrieachsen.

d) 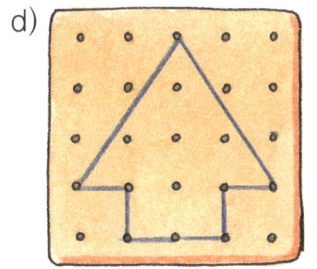   e) 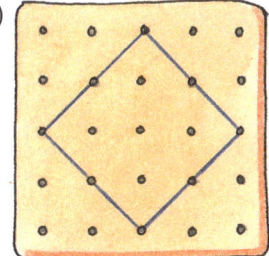   f)

3 📷 **Fotografie:** Eigene symmetrische Figuren auf dem Geobrett spannen, fotografieren, präsentieren und Symmetrieachse(n) markieren.

Symmetrische Muster

1  Faltet und schneidet Muster aus Papierstreifen. Flex und Flo machen es vor.

1. Papierstreifen falten.

2. Form aufzeichnen und ausschneiden.

3. Papierstreifen auseinanderfalten.

2  Welche Formen hat das Muster, wenn der Papierstreifen auseinandergefaltet ist? Überprüft durch Falten und Schneiden.

a) 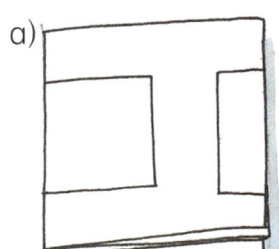 b) 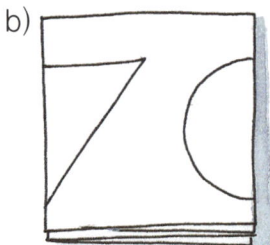 c) 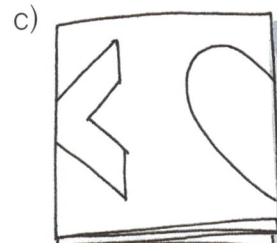 d)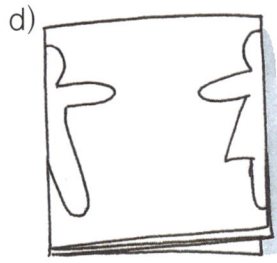

3 Flex und Flo haben Muster gezeichnet. Findet immer die beiden Fehler.

a)

b)

c)

d)

e)

Muster erkennen und fortsetzen

 1 Zeichne ab. Setze fort.

a)

b)
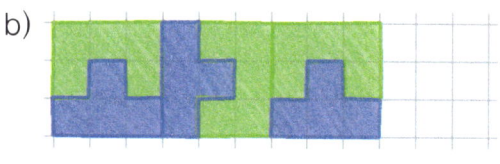

c)

d)

 2 Erfinde ein eigenes Muster.
Zeichne es in dein Heft.

3 Zeichne ab. Setze fort.

a)
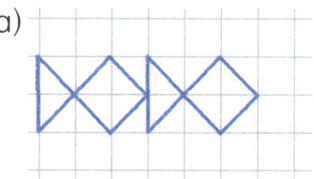

b)
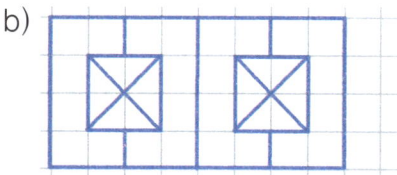

c)
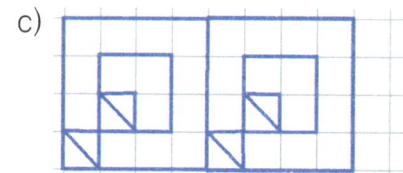

4 Flex und Flo haben dieses Muster verändert:
Beschreibt, dann zeichnet ab und setzt fort.

a)
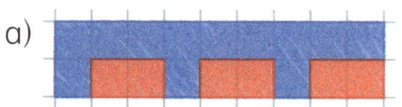

b)

c)
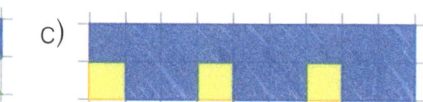

5 a) Zeichne ab und setze fort.

b) Verändere das Muster und setze fort.

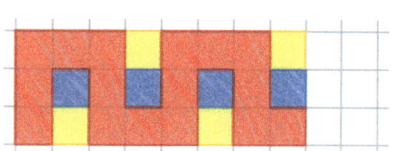

2, 5 📷 **Fotografie:** Eigene Muster fotografieren und präsentieren (ggf. ausdrucken), beschreiben und miteinander vergleichen.

AH S. 49

31

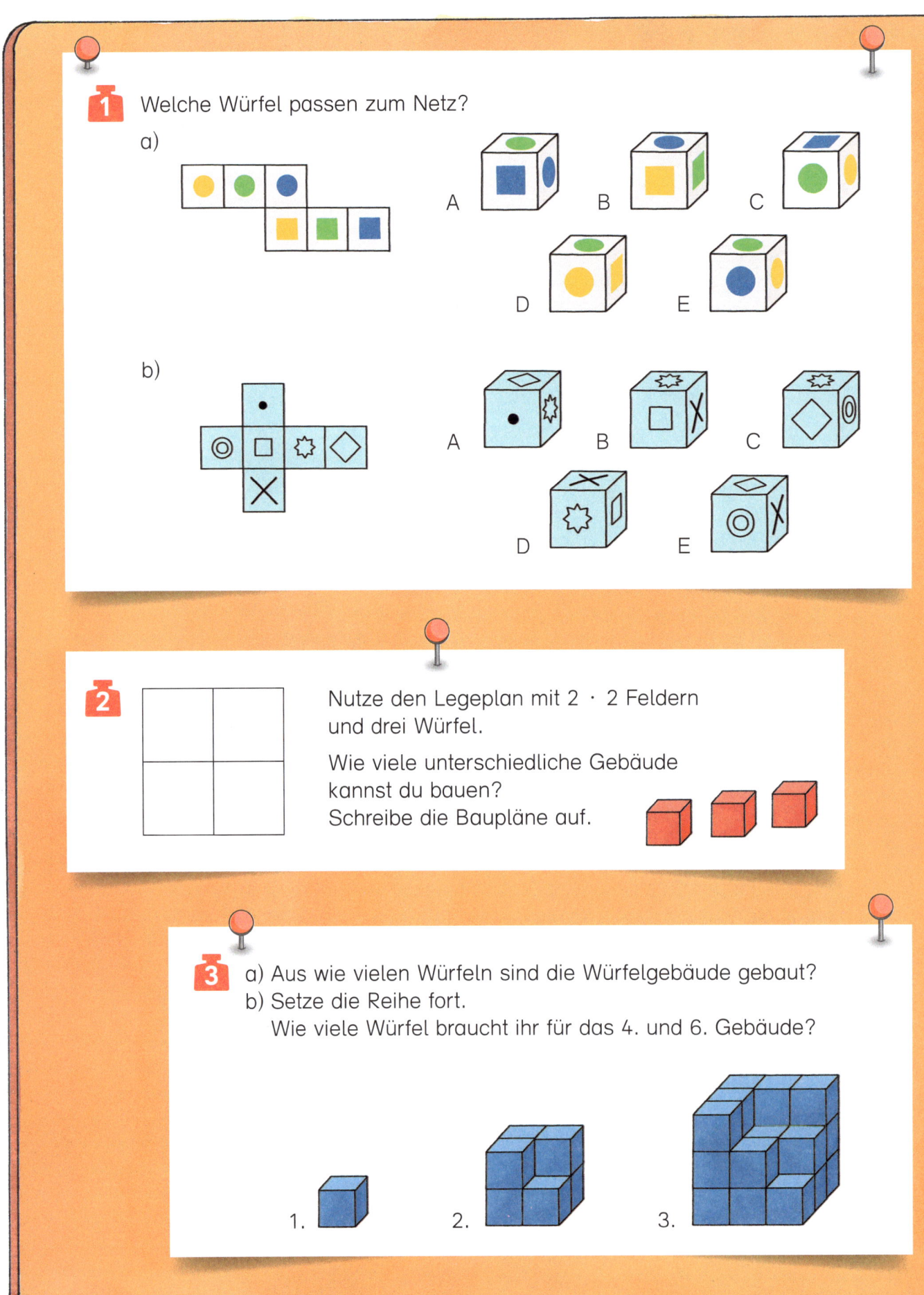

1 Welche Würfel passen zum Netz?

a)

A   B   C

D   E

b)

A   B   C

D   E

2 Nutze den Legeplan mit 2 · 2 Feldern und drei Würfel.

Wie viele unterschiedliche Gebäude kannst du bauen?
Schreibe die Baupläne auf.

3 a) Aus wie vielen Würfeln sind die Würfelgebäude gebaut?
b) Setze die Reihe fort.
Wie viele Würfel braucht ihr für das 4. und 6. Gebäude?

1.   2.   3.

1 Die Aufgabe eignet sich im Anschluss an Seite 12.
2 Die Aufgabe eignet sich im Anschluss an Seite 14. Blanko-Kopiervorlage mit Bauplänen in der Handreichung / BiBox für Lehrer/-innen.
3 Die Aufgabe eignet sich im Anschluss an Seite 15.

4 Zeichne das Gebäude von vorne.
Das Gebäude wurde aus fünf gleich großen Steinen gebaut.

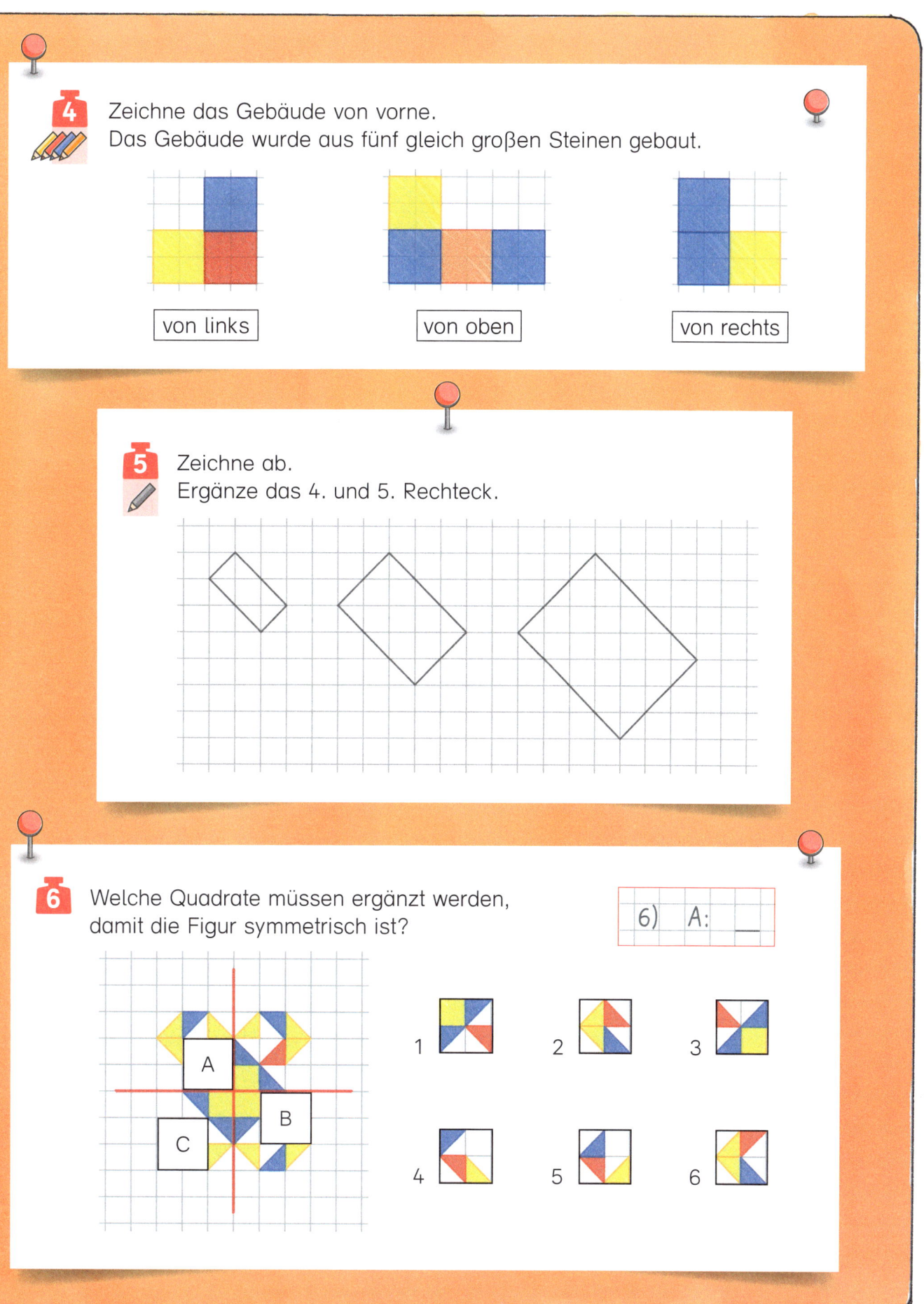

von links

von oben

von rechts

5 Zeichne ab.
Ergänze das 4. und 5. Rechteck.

6 Welche Quadrate müssen ergänzt werden,
damit die Figur symmetrisch ist?

6) A: ___

A

C

B

1

2

3

4

5

6

4 Die Aufgabe eignet sich im Anschluss an Seite 19.
5 Die Aufgabe eignet sich im Anschluss an Seite 23.
6 Die Aufgabe eignet sich im Anschluss an Seite 27.

33

Körper

Eigenschaften von Körpern

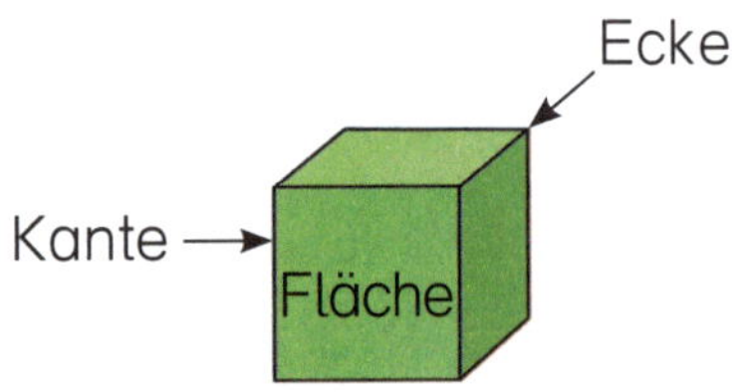

Ecke

Kante → Fläche

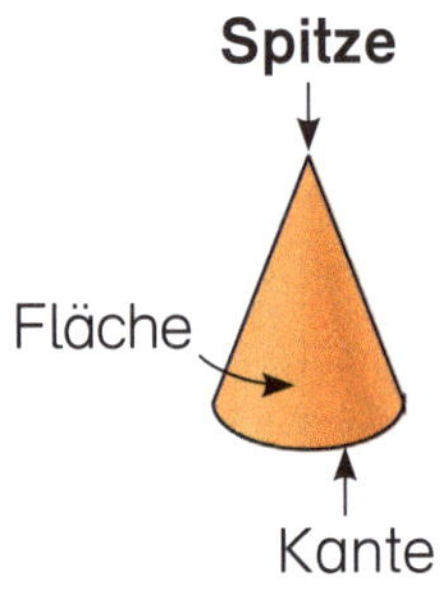

Spitze

Fläche

Kante

Würfel	Kegel	Quader	Kugel	Zylinder	Pyramide
Ecken: 8	Spitze: 1	Ecken: 8	Ecken: 0	Ecken: 0	Ecken: 5
Kanten: 12	Kanten: 1	Kanten: 12	Kanten: 0	Kanten: 2	Kanten: 8
Flächen: 6	Flächen: 2	Flächen: 6	Flächen: 1	Flächen: 3	Flächen: 5

Netze von Körpern

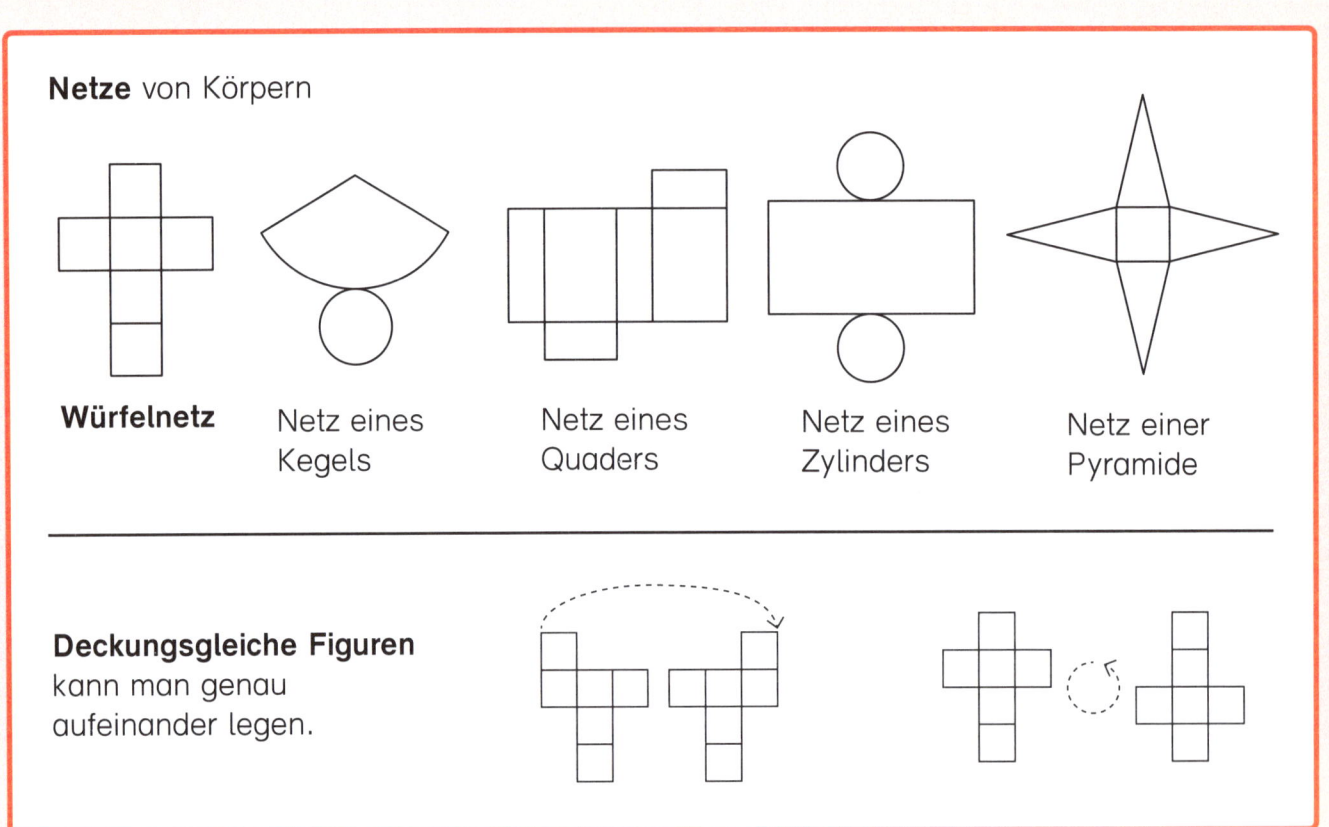

Würfelnetz Netz eines Kegels Netz eines Quaders Netz eines Zylinders Netz einer Pyramide

Deckungsgleiche Figuren kann man genau aufeinander legen.

Flächen

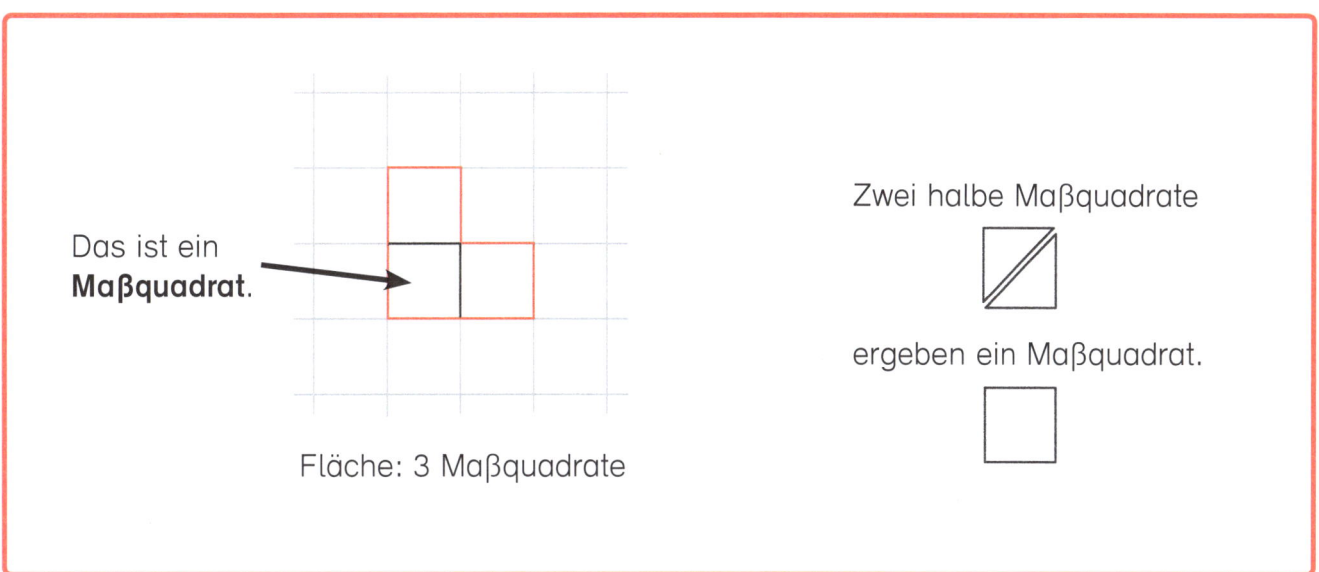

Das ist ein **Maßquadrat**.

Fläche: 3 Maßquadrate

Zwei halbe Maßquadrate

ergeben ein Maßquadrat.

Symmetrie

Beide Figuren sind symmetrisch.

Diese Figur hat eine **Symmetrieachse**.

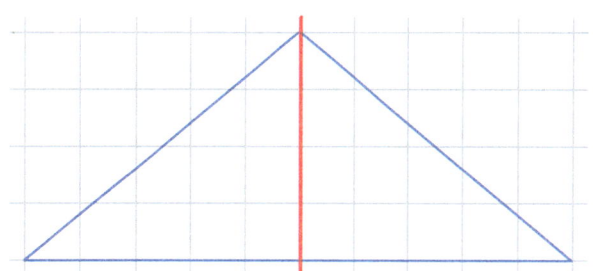

Diese Figur hat mehrere Symmetrieachsen.

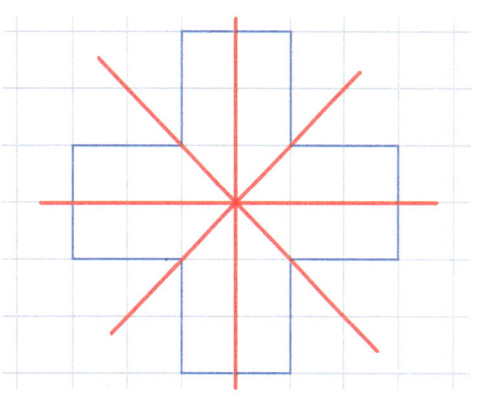

Flex und Flo für das 3. Schuljahr

MATERIALIEN FÜR SCHÜLERINNEN UND SCHÜLER

Addieren und Subtrahieren 3 978-3-14-118210-1
Multiplizieren und Dividieren 3 978-3-14-118211-8
Geometrie 3... 978-3-14-118212-5
Sachrechnen und Größen 3............................ 978-3-14-118213-2

Lernpaket 3
4 Themenhefte + Beilagen.............................. 978-3-14-118214-9
BiBox für Schüler/-innen WEB-14-118229

ZUSATZMATERIALIEN
Arbeitsheft 3.. 978-3-14-118217-0
Trainingsheft 3... 978-3-14-118246-0

Themenhefte inklusiv C
Addieren und Subtrahieren (C) 978-3-14-118419-8
Multiplizieren und Dividieren (C).................... 978-3-14-118420-4
Geometrie (C)... 978-3-14-118421-1
Sachrechnen und Größen (C).......................... 978-3-14-118422-8

Lernpaket inklusiv C
4 Themenhefte + Beilagen 978-3-14-118418-1

Themenhefte inklusiv D
Addieren und Subtrahieren bis 100 (D) 978-3-14-118425-9
Multiplizieren und Dividieren bis 100 (D)........ 978-3-14-118426-6
Geometrie (D)... 978-3-14-118427-3
Sachrechnen und Größen (D)......................... 978-3-14-118428-0

Lernpaket inklusiv D
4 Themenhefte + Beilagen.............................. 978-3-14-118424-2

Themenhefte inklusiv E
Addieren und Subtrahieren bis 1000 (E)......... 978-3-14-120101-7
Multiplizieren und Dividieren bis 1000 (E) 978-3-14-120102-4
Geometrie (E)... 978-3-14-120103-1
Sachrechnen und Größen (E) 978-3-14-120104-8

Lernpaket inklusiv E
4 Themenhefte + Beilagen.............................. 978-3-14-120100-0

MATERIALIEN FÜR LEHRERINNEN UND LEHRER

Handreichung 3.. 978-3-14-118219-4
BiBox für Lehrer/-innen 3, *Einzellizenz* WEB-14-118230
                          Kollegiumslizenz WEB-14-118232
Kopiervorlagen 3.. 978-3-14-118236-1
Förder-Kopiervorlagen 3 978-3-14-118238-5
Forder-Kopiervorlagen 3 978-3-14-118240-8
Lernwege-Karten 3... 978-3-14-118243-9
Diagnoseheft 3 978-3-14-118233-0
Entdeckerkartei 3 978-3-14-118245-3
Winkelsteine, *23 Holzteile* 978-3-425-13615-8

10 Sätze Hunderter, Zehner, Einer 978-3-14-118270-5